Revolução, Como Fazê-la Numa Sociedade Moderna

por

I0116612

Kai Murros

CONTRA CORRENTE
Lisboa, 2013

Título Original: *Revolution And How To Do It In a Modern Society*
Autor: Kai Murros
© 2001, Kai Murros
© 2001, LIKE Publishing Ltd.

Esta Edição: *Revolução, Como Fazê-la Numa Sociedade Moderna*
© 2013, Kai Murros
© 2013, Contra Corrente

Esta edição NÃO SEGUE a grafia do Novo Acordo Ortográfico da Língua Portuguesa.

Tradução: João Martins
Revisão: Flávio Gonçalves
Paginação e Grafismo: Contra Corrente
Impressão: Publidisa (UE) e Createspace (EUA)

Produzido e Impresso nos EUA e na União Europeia
Printed in the United States of America and in the European Union

ISBN: 978-989-97773-2-3
Depósito Legal: 353329/12

Revolução, Como Fazê-la Numa Sociedade Moderna

por

Kai Murros

CONTRA CORRENTE
Lisboa, 2013

ÍNDICE

I

O Capital e a crise do sector primário

- A industrialização e o modo de produção capitalista tiveram um efeito destrutivo no sector primário.

- Como tudo na sociedade tende cada vez mais a ser submetido às necessidades do capitalismo industrial, não é de admirar que o sector primário também esteja a ser cada vez mais capitalizado, mecanizado e concentrado.

- O sector primário deve expandir-se constantemente - não para alimentar as massas famintas, mas para satisfazer as necessidades do capital.

- Quanto mais eficazmente um agricultor for capaz de produzir, mais barato vão ser os seus produtos. Quanto mais baratos os produtos do agricultor ficam, mais ele terá de produzir, a fim de manter o seu padrão de vida.

- A fim de produzir de forma mais eficaz, o agricultor tem de investir em máquinas, fertilizantes, pesticidas, etc.

- Os indispensáveis requisitos técnicos e químicos para a produção agrícola não são baratos. Para cobrir os gastos o agricultor vê-se obrigado a intensificar a sua produção e a despender mais capital, o que normalmente não consegue fazer sem se endividar.

- Para sobreviver, o agricultor é obrigado a seguir em frente sem parar nessa actividade competitiva. Isto é que lhe foi imposto pela lógica do capital.

- Os problemas relativos ao sector primário são essencialmente dois: primeiro, a procura limitada pelos seus produtos, segundo, a base limitada para a produção - nenhuma dessas limitações se aplica ao modo industrial de produção.

- O primeiro problema para o agricultor é que um ser humano somente pode consumir uma quantidade limitada de alimentos. Se a população não aumenta e não se abrem novos mercados a demanda para os produtos do agricultor não será suficiente. O agricultor não terá escolha a não ser reduzir os seus custos de produção por unidade, tornando a sua produção mais dispendiosa e, portanto, endividando-se ainda mais. O agricultor está agrilhoado.

- A produção industrial será sempre capaz de encontrar novos mercados, projectar infinitamente novos produtos ou criar necessidades artificiais através de publicidade. Por outra parte, os produtos agrícolas acabam sempre por ser consumidos e o seu consumo por indivíduo não pode ser aumentado de forma significativa.

- O segundo problema que um agricultor tem é que a quantidade de solo disponível é limitada.

- O tamanho cada vez maior das quintas não significa que a quantidade de solo é crescente. Significa apenas que há menos agricultores.

- O sistema industrial-capitalista cria constantemente novo capital: maquinaria, edifícios, vias ferroviárias, estaleiros, minas, etc.

- No sector primário a forma mais importante de capital não pode crescer. A quantidade de solo e de águas pesqueiras é permanente.

- No sector primário apenas a forma secundária de capital pode crescer. Este crescimento consiste na capacidade de explorar a principal forma de capital ainda mais intensamente.

- No sector primário o crescimento desta forma secundária de capital torna a situação económica do agricultor mais precária e força ao limite a capacidade da natureza para satisfazer as crescentes demandas. Eventualmente, isto vai revelar-se insuportável para a natureza. Esta é a causa primordial para o desastre ecológico, porque a natureza não está preparada para o modo de produção do capitalismo industrial.

KAI MURROS

———————————————

II

A classe média e a Revolução

- A classe média é o instrumento mais importante da revolução, mas simultaneamente o seu maior obstáculo.

- A mais perigosa força contra-revolucionária na sociedade é a mentalidade da classe média.

- As características típicas da classe média são o conservadorismo, o moralismo, a admiração pela classe alta e uma frustrada consciência política.

- A classe média é atraída e fascinada pela riqueza e estatuto social da classe alta do mesmo modo que as traças são atraídas para a lâmpada.

- O radicalismo anti-social e não-patriota anteriormente associado à classe trabalhadora tem contribuído para tornar a classe média num lacaio servil dos capitalistas.

- A revolução, quando chegar, será feita nos termos da classe média.

- A classe média tem desfrutado duma acumulação de riqueza sem precedentes e duma mobilidade social ascendente ao longo do dinâmico período capitalista.

- A oportunidade para uma revolução radical da classe trabalhadora perdeu-se à medida que a classe média gradualmente foi ficando mais forte e devido a parte da classe operária se ter fundido com a classe média no curso da dinâmica capitalista.

- A recordação da mobilidade ascendente durante o período dinâmico capitalista ainda assombra as mentes da classe média.

- A mobilidade ascendente requer sempre um estado de espírito convencional e a total aceitação do sistema de valores dominante. A classe média, que pela sua natureza está sempre à espera na ombreira pela classe alta, é a força mais contra-revolucionária na história da humanidade.

- O problema entre a classe média e a classe trabalhadora mais abastada é que os seus valores sociais derivam do período dinâmico do capitalismo, porém, o sistema está a escorregar num ciclo vicioso de acumulação de riqueza para poucos e de pauperização para muitos.

- A acumulação duma certa riqueza pela classe média e alguma mobilidade ascendente pela classe trabalhadora não mudou o facto de que as pessoas ainda estão divididas entre aqueles que possuem capital e aqueles que não possuem.

- Os valores da classe média, bem como parte da classe trabalhadora que mais ou menos foi assimilada pela classe média, só vão mudar sob a pressão esmagadora da realidade material concreta. A forma mais extrema deste tipo de pressão é uma depressão económica que quebre os fundamentos da sociedade enquanto um todo.

- As ilusões de mobilidade ascendente da classe média e da classe trabalhadora mais elevada devem ser esmagadas antes que esses estratos sociais se radicalizem.

- A crise do capitalismo vai acabar com tudo o que a classe média e a classe trabalhadora mais elevada haviam alcançado. Quando isso acontecer, o Partido deve estar pronto, uma vez que as necessidades materiais objectivas para a revolução amadureceram e uma consciência revolucionária despertou.

- O elemento mais destrutivo na frustrada consciência política da classe média consiste na sua identificação com os valores e objectivos da classe alta.

- A classe média confunde responsabilidade e sensibilidade com o desejo de manter o sistema da classe capitalista. Na realidade, o conjunto dominante de valores é um instrumento de opressão direccionado contra a classe média, bem como contra a classe trabalhadora.

- O exemplo mais lamentável de como a classe média segue duma forma servil os valores da classe alta observa-se na forma em como ela adoptou o liberalismo cosmopolita como a sua ideologia.

- O liberalismo cosmopolita é uma parte integrante da estratégia da classe capitalista na sua tentativa de globalizar o seu poder. O liberalismo cosmopolita serve apenas as necessidades da classe capitalista.

- O liberalismo cosmopolita é uma nova cortina de fumo ideológico para a opressão de classe.

- A classe média julga que as suas necessidades coincidem com as necessidades da classe capitalista. Portanto, a classe média permite que a classe capitalista domine o Estado - mas ao fazê-lo amargamente perde.

- O liberalismo é um cancro que rói o próprio fundamento da nação. O liberalismo é o inimigo ideológico mais perigoso do Partido e a sua erradicação total da face da terra é a tarefa mais importante do Partido.

- Serão exigidas ao Partido uma consciencialização e uma especial diligência ideológica, a fim de distinguir e lutar contra duas formas diferentes e, por conseguinte, extremamente perigosas de liberalismo - o liberalismo de direita e o liberalismo de esquerda.

- Todos os problemas na sociedade moderna têm origem em duas forças, originalmente opostas; o liberalismo de direita e o liberalismo de esquerda.

- O liberalismo de direita e o liberalismo de esquerda são a tese e a antítese, sendo a sua síntese mortal.

- Os liberais devem ser "esmurrados" todos os dias.

- O liberalismo de direita é a ideologia por excelência da burguesia. Glorifica a omnipotência do capitalismo e impinge-nos quão necessário e prudente é render-nos às leis de ferro da economia, retratadas como sendo tão fundamentais quanto as forças da natureza. Assim como a burguesia foi capaz de sujeitar a classe trabalhadora, explorando as oportunidades fornecidas pela globalização, a direita liberal - a ideologia do capitalismo - tem estado ocupada na destruição da base material da classe trabalhadora.

- Para além de ir derrubando aquilo que considerou tradicional, a esquerda liberal também libertou os indivíduos das suas responsabilidades e deveres para com a comunidade. A esquerda liberal só se preocupa com os direitos, nunca com os deveres. Ela acredita que as razões para o comportamento disfuncional têm origem exterior, como tal, não se pode esperar qualquer tipo de auto-disciplina.

- Dado que o liberalismo de direita - a ideologia da burguesia - primeiramente destruiu a base material para uma vida decente para a classe trabalhadora, não é de admirar que o liberalismo de esquerda tenha sido capaz de quebrar a fibra moral da comunidade nacional.

- A classe média tende a aceitar todas as acções da classe capitalista que visam fortalecer a sua própria posição, pensando que isso também a irá beneficiar.

- A classe capitalista pode sempre contar com o apoio da classe média quando tenta derrubar as fronteiras nacionais, a fim de deixar entrar a maré de mão-de-obra barata e produtos de exploradoras fábricas estrangeiras, de forma a destabilizar o controlo sobre os movimentos de capitais e de produção.

- A classe média continua a sonhar com engraxadores a trabalharem a seus pés, embora na realidade a classe média se tenha resignado ao papel de lambe-botas da classe capitalista.

- O problema com a consciência revolucionária da classe média é que, quando a crise do capitalismo se torna mais aguda, é o sector mais precário da classe trabalhadora quem mais sofre em primeiro lugar. A classe média tradicionalmente despreza o proletariado mais pobre.

- O problema com a consciência revolucionária da classe média assenta no facto de que esta vai ser capaz de isolar-se dos problemas sociais provocados pela crise do capitalismo por um longo período, fechando os olhos a esses problemas por um período de tempo ainda mais longo.

- A ilusão da mobilidade ascendente, tão comum na classe média, faz com que esta encare a crise do capitalismo como um problema especial que diz respeito, principalmente, ao proletariado mais pobre.

- A classe média calcula que a deterioração da posição da classe trabalhadora trará benefícios económicos para si própria. O que a classe média não consegue ver é que no final a lógica do capitalismo virar-se-á também contra ela.

- Encurralada pela crise do capitalismo, a classe média espera manter o seu próprio nível de vida sacrificando a posição económica da classe trabalhadora.

- Ao sacrificar a classe trabalhadora nas mandíbulas do Moloch capitalista em crise, a classe média está a tentar ganhar tempo.

- Quando a classe média e a classe trabalhadora mais alta detectam os problemas sociais causados pela crise do capitalismo, a sua primeira reacção é emocional – a de uma pequena burguesia chorosa e que culpa o proletariado mais pobre.

- A fim de transformar-se numa força revolucionária, a classe média tem que perder tudo - principalmente, as ilusões.

- A realidade irá derrubar a classe média da sua complacente torre de marfim.

- O Partido vai crescer a partir duma classe média pauperizada.

- Na fase final da crise do capitalismo a atmosfera patológica dominante na sociedade irá preparar o terreno para a afirmação do Partido.

- Na fase final da crise do capitalismo os problemas sociais manifestar-se-ão num comportamento violento e caótico sem precedente, assim como por um radicalismo político irracional.

- Na fase final da crise do capitalismo a encurralada classe média parece ter somente duas opções: ou ajuda a manter o sistema capitalista e desse modo irá permitir ser explorada e oprimida pela classe capitalista ou cede aos extremistas radicais e rende-se ao seu fanatismo irracional, o qual não tem em consideração as necessidades das pessoas comuns. A solução para este dilema é o Partido.

- O Partido vai lutar em duas frentes: lutará tanto contra a classe capitalista, que neste momento detém o poder político e económico, como contra as facções extremistas.

- O Partido vencerá devido à cegueira, ganância, extremismo míope e falta de análise dos seus inimigos.

- O Partido é, basicamente, a violenta reacção da classe média e da classe trabalhadora superior que foram encurraladas pelo capitalismo liberal. O seu desespero é o segredo para a vitória do Partido.

- Depois do Partido ganhar a confiança da classe média, este lançará uma guerra de destruição total contra os inimigos do povo.

- No seu subconsciente a classe média espera que o Partido empregue todos os meios necessários para com aquilo que ameace o seu modo de vida. Enquanto o Partido lida com os seus inimigos, a classe média olhará para o lado.

- A aprovação silenciosa da classe média irá garantir ao Partido legitimidade na luta contra os seus inimigos.

- A força política que, no âmbito do materialismo histórico, realmente entender a natureza de classe média e a sua psicologia acabará por prevalecer.

KAI MURROS

_____

III

A classe trabalhadora, uma classe nacional

- À luz da evidência empírica e da análise do materialismo histórico, pode-se dizer sem sombra de dúvida que, de todas as classes sociais na sociedade, apenas a classe trabalhadora é, pela sua natureza, verdadeiramente nacional.

- À medida que a globalização da economia avança, impulsionada pelo progresso da informação tecnológica, torna-se cada vez mais dolorosamente evidente que os movimentos das riquezas acumuladas pela classe capitalista não conhecem fronteiras. O dinheiro não tem nacionalidade.

- As classes altas, sejam feudais ou capitalistas, foram sempre cosmopolitas por natureza. Beneficiados pela educação e pela riqueza, os membros das classes mais altas têm sido capazes de conviver com os seus pares, independentemente das suas diferentes nacionalidade ou cidadania.

- Em comparação com a classe capitalista, a classe média é totalmente dependente do Estado-nação e das estruturas de assistência social que este proporciona. Mas, fiel à sua natureza, a classe média continua repetindo como um papagaio esses chavões anti-Estado-nação que lhe foram incutidos pela classe capitalista que tão cegamente admira.

- Tradicionalmente, os defensores mais fervorosos do niilismo nacional têm sido os pseudo-intelectuais da esquerda desviante, os filhos mimados da burguesia.

- Há um velho ditado que diz que as classes altas em todos os lugares são sempre iguais. Isto também se aplica à classe média, que constantemente tenta imitar a classe capitalista. Mas a verdadeira essência de uma nação pode ser observada nas suas grandes massas - sejam elas camponesas ou operárias.

- No final, é exactamente a classe que não detém capital nem abriga quaisquer ilusões que está inteiramente ligada aos destinos da nação e do Estado-nação - com isto refiro-me à classe trabalhadora.

- No fundo do poço têm estado os camponeses e os operários. Eles foram sempre deixados para trás, ridicularizados, desprezados e explorados e, no entanto, foram eles que ao longo da história mundial construíram as nações e as defenderam. Como poderia a classe trabalhadora ser outra coisa senão uma classe nacional?

- Para o capitalista, a nação não passa de um meio para um fim, mas para a classe trabalhadora é sempre um fim em si.

- A classe trabalhadora é a verdadeira encarnação da nação!

IV

A crise do capitalismo irá servir a nossa Causa

- A forma mais elevada de conspiração revolucionária consiste no empenho dos revolucionários em fortalecer as tendências auto-destrutivas do sistema capitalista.

- "Dê corda suficiente ao capitalista e seguramente ele enforcar-se-á". Isto significa que devemos dar ao capitalista o tempo que ele necessita para cometer suicídio.

- Por razões tácticas, devemos opor-nos à globalização, mas por razões estratégicas, devemos acolhê-la. A isso chama-se "dar a corda ao capitalista".

- Os revolucionários mais tortuosos são realmente aqueles que se juntam ao campo capitalista e actuam como qualquer outro capitalista, mas com uma ferocidade excepcional e descarado zelo, fortalecendo as tendências auto-destrutivas do sistema. Estes são os que mais profundamente compreenderam a dinâmica do processo revolucionário, mas correm o risco de ser executados quando o Partido finalmente assumir o Poder.

- Seria míope e insensato considerar sequer a possibilidade do sistema poder verdadeiramente mudar a sua natureza, mesmo quando confrontado com uma destruição certa. E seguramente podemos chamar de crime ficar à espera que o sistema possa corrigir, pelo menos, os seus piores defeitos.

- A verdadeira mudança só virá com a revolução e o caminho para esta revolução passa por acentuar os conflitos sociais. É por isso que o Partido deve constantemente provocar os seus adversários, agitar as pessoas e expor os problemas sociais. Cada melhoria ostensiva nas relações sociais antes da revolução só vai servir as necessidades da classe capitalista.

- A provocação constante é a melhor forma para o Partido fazer as massas verem a natureza corrupta e opressiva do sistema.

- Não devemos ter receio da crise económica, de facto, devemos dar-lhe as boas-vindas.

- Uma crise económica revela sempre a verdadeira natureza do sistema. Durante uma crise económica as actividades dos capitalistas são ainda mais cruéis do que em tempos normais. Uma crise económica tende a dar aos capitalistas a oportunidade de roubar os pobres e aumentar a sua riqueza ainda mais do que durante um período de economia florescente.

- As crises económicas têm a tendência de gerar consciências revolucionárias. A deterioração da situação económica da classe operária e a sua subconsciente raiva acabará por resultar em focos de violência espontânea. No entanto, o importante é que o colapso económico derrube as torres de marfim da complacente classe média.

- O poder da classe capitalista baseia-se no capital. O capital paga os salários dos soldados, da polícia, dos jornalistas e dos artistas. Aquele que controla o capital vai também ter o controlo sobre o conjunto dos valores dominantes numa dada sociedade. Podemos observar que o poder da classe capitalista é tanto directo, quanto indirecto, na sua natureza.

- O colapso total do sistema económico e do Estado no último estágio do capitalismo irá revelar o que o poder aparentemente eterno e permanente do capital era, afinal, apenas uma ilusão.

- À medida que os valores das acções se desmorona e a hiperinflação arruína o sistema monetário, a classe capitalista vai perder a sua única arma – o capital. Eles vão ficar indefesos à mercê das forças revolucionárias.

- Quando a bolha dos mercados bolsistas rebentar, a única força real que restará será o Partido.

- O valor do dinheiro e das ações é apenas um acordo baseado na confiança. À medida que o colapso da economia envia ondas de histeria pelo mundo fora, essa confiança irá reduzir-se porque os capitalistas não foram dignos dela e a sua hegemonia acabará.

- No final, o Partido triunfará, porque o capital do Partido é o povo.

V

Problemas do socialismo

- Um dos grandes obstáculos do movimento socialista é o complexo de Édipo que nele predomina. Todos os jovens socialistas parecem estar afectados por ele.

- As tendências comuns dentro da mentalidade do esquerdismo radical são, por um lado, o saudável e juvenil desejo de abalar o sistema de crenças obsoletas e reaccionárias, e, por outro lado, um frenesi niilista de acabar com tudo aquilo que é remotamente tradicional.

- A História ensina-nos que não podemos derrotar a História. Não há um vazio que permita criar estruturas sociais sem história ou passado. Todos os esforços para fazê-lo vão levar ao desastre.

- Um verdadeiro socialista deve sempre reflectir sobre como ele ou ela poderão aprender com o passado, para que o socialismo possa desenvolver-se naturalmente e organicamente com base na experiência histórica concreta da nação.

- O segundo maior erro na construção do socialismo reside numa abordagem puramente teórica que ignora a experiência e a lógica convencional.

- O maior erro na construção do socialismo reside na tentativa de criar um socialismo cosmopolita, inorgânico, sem raízes na história concreta das pessoas comuns.

- O verdadeiro socialismo apenas pode ser construído numa base nacional, guiado pela experiência histórica do povo e da nação.

- O socialismo cosmopolita e o capitalismo são basicamente a mesma coisa. Eles vão acabar por cair, porque não possuem raízes na vida real e carecem de coesão orgânica.

- A relação entre o materialismo histórico e o espírito nacional é o mesmo que a relação entre a matéria e a energia. São os lados opostos da mesma moeda.

- Um nacionalismo saudável não deve consistir apenas num devaneio idealista. O nacionalismo deve estar interligado com o mundo real, utilizando a metodologia do materialismo histórico.

- O nacionalismo reaccionário da burguesia deve ser substituído por um nacionalismo socialista de cariz progressista.

- À luz do materialismo histórico podemos ver como a nação e o Estado-Nação são o ponto culminante da evolução intelectual e social da humanidade.

- Somente quando o capitalismo for substituído pelo socialismo, a nação será verdadeiramente livre para expressar-se e desenvolver-se sem restrição.

- A ideologia do Partido deve ser materialista no método e verdadeiramente nacional no espírito.

- Tradicionalmente, o materialismo histórico e o pensamento nacionalista tiveram uma relação dualista; tese-antítese. Assim que desapareça este dualismo e uma nova síntese for formada, um mundo inteiramente novo vai surgir.

VI

Sobre o Movimento Ecologista

- Nos extremos opostos do movimento ecologista podem-se encontrar duas formas falsas de consciência política, ambas igualmente prejudiciais - apenas divergentes na prática.

- A corrente principal do movimento ecologista adoptou o liberalismo burguês como parte da sua estratégia de "tentar alcançar os objectivos, trabalhando dentro do sistema".

- A adopção do liberalismo burguês levou-a a engolir os valores e as crenças do sistema liberal, os quais vêm com o anzol, linha e chumbada.

- Essa parte do movimento ecologista, que adoptou o liberalismo burguês foi atraída para jogar os seus jogos no quadro de um sistema moribundo.

- Ao adoptar o liberalismo burguês e amarrando seu destino ao destino do capitalismo internacional, a parte liberal do movimento ecologista assinou a sua própria sentença de morte.

- Essa parte do movimento ecologista que adoptou o liberalismo burguês por vezes pode mostrar uma alegria infantil apenas porque o sistema permite que obtenha algumas vitórias marginais e inócuas.

- Dado que o capital domou a corrente principal do movimento ecologista e a tornou 'respeitável', o movimento tornou-se um ninho para oportunistas políticos e um bastião da ideologia reaccionária.

- A tragédia do movimento ecologista assenta no facto deste ter nascido muito cedo. O movimento ecologista surgiu numa época em que o poder do capital ainda não era total e, assim, as condições

_____

objectivas necessárias para a queda do capitalismo ainda não tinham amadurecido. Deste modo o capital teve tempo suficiente para corromper o movimento ecologista.

- O liberalismo burguês serve como cortina de fumo ideológico do capitalismo, enquanto forma elaborada para encobrir a opressão da imensa maioria por uma pequena classe de aproveitadores.

- A cortina de fumo para encobrir o estágio mais elevado do capitalismo - o capitalismo internacional moderno - pode ser caracterizada como a face cosmopolita do liberalismo burguês.

- Porque o liberalismo burguês é um produto do capitalismo, ele também deve ser alvo dos mais ferozes ataques do movimento ecologista.

- A visão de mundo do liberalismo burguês atende às necessidades do capitalismo. É por isso que o consumismo irresponsável é a regra onde o liberalismo burguês reina enquanto ideologia dominante.

- O liberalismo burguês reduz o ser humano a um indivíduo, sem raízes, atomizado, um escravo da moda e do consumo.

- O liberalismo burguês serve como justificação ideológica para um modo de vida que é ecologicamente inaceitável, assim como para a destruição dos valores comunitários tradicionais pelas forças desumanizadas da "economia de mercado".

- O liberalismo burguês reduz o ser humano a um mero animal já que o capital transforma as suas mais básicas necessidades em comodidades que podem ser livremente compradas e vendidas.

- À medida que as comunidades naturais desaparecem nas mandíbulas do Moloch capitalista as pessoas perdem o seu sentido de dever e responsabilidade, sendo que aquilo que resta é o egoísmo puro e uma perseguição interminável pela satisfação instantânea. O liberalismo burguês serve como justificação para esta cultura do vazio.

- A segunda forma de falsa consciência política que assola o movimento ecologista é a mentalidade anarquista anti-estatal e o niilismo nacional prevalente na extrema-esquerda.

- O radicalismo saudável da parte mais válida do movimento ecologista perde-se por causa deste desviacionismo esquerdista.

- Seria loucura pensar que o movimento ecologista poderia vencer as forças do capitalismo internacional, deixando o poder político ser fraccionado numa selva de pequenas associações e fracções anárquicas, quando a "linguagem do poder" é a única língua que o capitalismo internacional entende.

- Uma espécie que não é incomum são os sectários que acreditam que podem estar a salvo dos efeitos destrutivos do capitalismo internacional, refugiando-se nas suas associações, desesperadamente agarrados aos seus dogmas. Isto constitui, obviamente, um beco sem saída.

- Quanto menor uma associação, mais fácil será manter uma ortodoxia fervente, mas, ao mesmo tempo, revelar-se-á economicamente débil. As comunidades maiores são economicamente mais fortes, mas, ao mesmo tempo muito mais propensas a serem domadas pelo sistema e absorvidas pela tendência oficial.

- O poder do capital é universal. Ele vai mudar a sua forma de se adaptar às novas circunstâncias, mas não vai desaparecer, porque está baseado na lógica universal da ganância. Mesmo após a destruição do Estado, o poder do capital, nas suas novas formas, irá caçar e destruir as associações particulares, uma a uma, como animais assustadores que perderam a protecção da sua matilha.

- Não se pode fugir às forças do capital, nem virar as costas a estas. Simplesmente há que enfrentá-las e derrotá-las.

- A fragmentação por via do refúgio em comunidades não pode ser uma estratégia viável para a revolução ecológica. Não se pode mudar o mundo fugindo dele.

- A vida em comunidades fascina aqueles que entenderam que não podem ter um impacto sobre as massas. Basicamente aqueles que já desistiram do jogo.

- O ser humano, a sua visão do mundo e modo de vida reflectem o modo de produção numa dada sociedade e as relações sociais daí resultantes. É por isso que o movimento revolucionário ecologista deve alterar completamente esses factores se quiser acabar com a forma de vida ecologicamente doentia dos tempos modernos.

- A ideia de que os indivíduos ou grupos de pessoas podem iniciar uma mudança na sociedade ou fazer cair o capitalismo, alterando a sua forma de vida, é típica do elitismo burguês.

- O frenesi maníaco-consumista é resultado do capitalismo, não a sua causa, e terminará somente após o próprio sistema capitalista ter sido destruído. Não se pode fazer desaparecer as causas lidando com os sintomas, como tal não faz sentido fazer as pessoas sentirem-se culpadas por um modo de vida que eles são relativamente incapazes de mudar. Enquanto reinar o capitalismo, a maioria das pessoas vai manter o seu estilo de vida consumista.

- Os idealistas de cabelos compridos que cultivam cenouras nos seus quintais são o placebo que a corrente principal do movimento ecologista prescreveu a si mesma.

- O movimento ecologista, se quer ser mais do que mera retórica, deve ser capaz de sistemática e decisivamente alterar os fundamentos da sociedade tal como a conhecemos - mas isso requer poder político.

- Tanto o liberalismo burguês como o desviacionismo esquerdista impedem o movimento ecologista de alcançar o que seria a condição prévia para a realização dos seus objectivos futuros - o poder político total.

- O movimento ecologista deve procurar ganhar o poder político total. Aqueles que falham em compreender esta simples verdade ou são tolos ou traidores.

- Só o poder ideológico e político total nas mãos de uma vanguarda revolucionária pode quebrar o poder do capitalismo internacional.

- A ditadura do mercado, que agora governa o mundo deve ser substituída por uma ditadura da política.

- O instrumento mais eficaz para tornar o poder político efectivo é o Estado.

- O grupo revolucionário que conseguir tomar o Estado e transformá-lo no instrumento da sua vontade terá sob o seu controlo um conjunto completo de instituições administrativas. Estas incluem o sistema de ensino e os meios de comunicação que fornecem os meios para moldar a consciência das massas e, por último mas não menos importante, o aparato da violência estatal.

- O afecto e respeito habitual das massas para com o Estado será um activo valioso para o Partido depois deste assumir o poder. O

Partido terá então a possibilidade de exigir disciplina, lealdade e sacrifícios ao povo, mesmo nos momentos mais difíceis - e os tempos serão realmente difíceis à medida que a luta contra o capitalismo se intensificar.

- Só o Estado é um interveniente suficientemente forte para desafiar o capitalismo internacional de forma bem-sucedida – com a condição de que seja movido por uma vontade de ferro e esteja pronto para agir com determinação implacável na persecução dos seus objectivos.

- No campo da política internacional só o Estado pode ser forte o suficiente tanto ao nível legal como da eficácia para agir como uma força reconhecida na luta contra o capital especulativo.

- O movimento ecologista, se quer ser uma força revolucionária, deve assumir a vontade de tomar todo o poder político. Em seguida, deve transformar o Estado num servidor do movimento revolucionário.

- O Estado será a derradeira arma nas mãos da revolução ecologista contra o capitalismo internacional.

- O movimento ecologista deve actuar como um contrapeso contra o extremismo direitista do capital internacional e o extremismo esquerdista das facções irracionais, os quais estão igualmente direccionados contra o Estado.

- Um Estado sem o apoio das massas é apenas uma fachada em ruínas. Por isso é inútil sonhar com um golpe de Estado por parte do movimento ecologista - o curso correcto de acção é a revolução ecológica.

- Para ser capaz de vencer, o movimento ecologista tem de aprender a compreender as massas e as suas necessidades convencionais.

- Um punhado de estudantes brilhantes ou de intelectuais egocêntricos não constituem o povo - devemos sempre lembrar-nos disso.

- Os intelectuais estão sempre prontos, pelo menos em teoria, para ir para as barricadas. A tarefa mais difícil é mobilizar as massas, mas, depois de superada a sua inércia, o seu ímpeto vai esmagar o sistema.

- Os quadros devem servir as pessoas e não o contrário.

- É muito difícil para os jovens quadros do movimento revolucionário ecologista aceitar a natureza sobejamente reaccionária da psique das massas. Isso muitas vezes leva à arrogância intelectual, à alienação e ao divisionismo puro.

- Os revolucionários devem primeiramente mostrar-se humildes perante o povo.

- Os veteranos da revolução compreendem que a persistente natureza reaccionária das massas sempre foi a garantia para a continuidade da própria vida. É por isso que os veteranos sabê-la-ão respeitar.

- O partido que for capaz de combinar o respeito pelas necessidades conservadoras e convencionais das massas com os objectivos radicais e progressistas da revolução ecologista irá indubitavelmente alcançar uma vitória total.

- O movimento ecologista revolucionário deve ser capaz de mobilizar o sentimento nacional e, por conseguinte, toda a energia latente da nação, a fim de vencer a luta contra as forças do capital internacional, a maior ameaça à vida na Terra.

—————————————————

- Uma revolução ecologista num país conduzirá a revoluções ecologistas noutros países. Uma revolução ecologista pode em boa verdade ser caracterizada igualmente como nacional e internacional.

- Se queremos que a revolução ecologista tenha sucesso, devemos saber realizá-la da forma correcta.

- A cor vitoriosa da revolução ecologista será a união do vermelho e do verde.

VII

A Nação e a Ética do Socialismo

- A nação não é uma abstracção, é real. Pode-se observar em toda a parte: nas pessoas, na sua terra, na sua cultura, costumes populares e linguagem, no fruto do seu árduo trabalho e nas suas memórias partilhadas.

- Não se pode ignorar a nação simplesmente pelo raciocínio ou fazê-la desaparecer mediante a análise e reduzindo-a aos indivíduos que a compõem - a nação simplesmente é.

- Um intelecto estéril nunca pode entender a verdadeira essência da nação - a nação deve ser vivenciada.

- A existência da nação é baseada no sentido de comunidade e no desejo de proximidade, provindo ambos da base genética da humanidade. A própria essência da nação é a solidariedade, o respeito mútuo e o senso de responsabilidade que as pessoas sentem em relação ao outro.

- A nação não é um acidente da natureza, mas o clímax lógico da evolução biológica, social e espiritual da humanidade.

- A nação é uma comunidade de ajuda mútua e dependência mútua. Pode-se medir uma nação pela profundidade da solidariedade e cooperação que as pessoas mostram umas para com as outras - a nação é uma entidade orgânica.

- O objectivo lógico para a evolução social e espiritual da

humanidade é um sentido cada vez mais profundo de comunidade e uma cooperação mais intensa.

- Num sistema socialista, a nação governar-se-á através da democracia orgânica.

- Uma sociedade socialista é caracterizada pela noção de liberdade orgânica. Uma sociedade socialista, ao invés duma sociedade liberal-capitalista, coloca a responsabilidade e o dever para com os concidadãos acima do egoísmo e do hedonismo.

- Em última análise, o socialismo ecológico moderno pode ser definido como um socialismo baseado na própria biologia.

- O desenvolvimento da personalidade individual tem por base a influência que exerce sobre a sociedade individual. É por isso que a nação se afigura como o elemento central que eleva o engrandecimento social e espiritual do cidadão.

- A nação não deve ser mistificada como a burguesia reaccionária muitas vezes faz.

- Os reaccionários tendem a mistificar a nação porque querem usar o Estado como instrumento de políticas opressivas.

- A mistificação da nação pelos reaccionários está pensada como ópio para a classe trabalhadora.

- É preciso entender a nação como um produto de forças materiais na história - esta é a pedra angular do nacionalismo e do socialismo progressistas.

- A classe trabalhadora deve ser sempre capaz de observar o seu papel como força fundamental por trás da nação e a natureza das forças materiais da História que criaram a nação e a própria classe trabalhadora.

- O desenvolvimento da sociedade e dos seus cidadãos exige que se esteja completamente consciente de como o país se desenvolveu até à sua forma actual. Isto pode ser melhor entendido no quadro do materialismo histórico.

- A fim de existir e de se desenvolver, a nação deve tornar-se consciente de si, do seu passado, presente e futuro - uma nação que foi cegada por mitos nacionais vazios não pode fazer isso. Será, então, apenas um animal de carga cego para os reaccionários, que irão explorá-lo para os seus próprios fins.

- Por razões práticas, a metafísica deve ser sempre subordinada à física.

- Na mente da maioria das pessoas a revolução da ciência e da tecnologia ora derrubou Deus, como a autoridade ética final, ora, mais frequentemente, O transformou num liberal cobarde que ninguém ouve mais.

- Os sistemas éticos são produtos das forças materiais da história. Na mesma medida que as revoluções do capitalismo, da ciência e da tecnologia destruíram a base religiosa e ética na mente da maioria das pessoas, uma revolução socialista moderna deve formular um novo sistema de ética social.

- Lealdade para com os seus concidadãos, lealdade para com a nação e responsabilidade para com a ecosfera será a base concreta e duradoura para um novo sistema socialista de ética social.

- A ética socialista não se inspira em crenças esotéricas, dogmas polémicos ou rituais inúteis fora do contacto com a realidade concreta, mas nas necessidades dos concidadãos, da nação e da ecosfera.

- O desenvolvimento de um sistema comunitário, secular e ecologicamente responsável assente na ética social será um salto qualitativo na evolução social e espiritual da humanidade.

VIII

Para quê uma revolução agora?

- Uma revolução na nossa época será, como sempre foi, uma sequência de mudanças na realidade material numa dada sociedade.

- Uma revolução é sempre causada por uma mudança concreta que ocorreu no modo de produção de uma determinada sociedade. Esta mudança, quando reflectida na superstrutura da sociedade, provocará uma situação revolucionária.

- A mudança concreta no modo de produção criará uma revolução moderna - e isso deve-se ao avanço da moderna tecnologia de informação.

- Com o avanço da tecnologia de informação, o capitalista moderno é capaz de colocar em marcha o ciclo vicioso de acumulação de riquezas para alguns e empobrecimento para a maioria – o que constitui a condição necessária para a revolução.

- O ciclo vicioso de acumulação de riquezas para alguns e empobrecimento para a maioria acabará por destruir o capitalismo. A introdução deste círculo vicioso foi adiada até aos nossos dias porque o nível de tecnologia foi tão baixo que a produção, trabalho e capital têm estado dependentes uns dos outros.

- No tempo em que o trabalho, produção e capital estavam mutuamente dependentes uns dos outros, a capacidade da classe trabalhadora para consumir bens produzidos pelo capitalismo foi o factor crucial que permitiu manter o círculo vicioso de empobrecimento.

- Um capitalista tradicional não poderia privar de comida os seus escravos, porque eles também compravam os seus produtos.

- No tempo em que trabalho, produção e capital estavam mutuamente dependentes uns dos outros, os sindicatos e o impacto do Estado e das suas instituições criaram um certo equilíbrio e atrasaram o ciclo vicioso de empobrecimento.

- O avanço da tecnologia de informação significou que o vínculo entre a produção, trabalho e capital foi quebrado.

- Uma vez que a produção, trabalho e capital já não estão dependentes uns dos outros, o avanço da tecnologia de informação vai deixar a classe trabalhadora e o Estado totalmente à mercê do moderno capitalismo Internacional.

- O círculo vicioso de empobrecimento começou com o avanço da tecnologia de informação e globalização.

- A ligação entre a produção, trabalho e capital que caracterizou a fase dinâmica do capitalismo desapareceu no mundo industrializado ocidental desde que a tecnologia da informação tornou possível a utilização de mão-de-obra estrangeira barata e a realização de transacções não controladas de capital.

- O triângulo do trabalho, da produção e do capital caracterizou o mundo industrializado ocidental durante o período dinâmico do capitalismo. Este sistema clássico de interacção ligado a um tempo e espaço compartilhados foi levado a um estado de desequilíbrio devido aos elementos estranhos introduzidos pela tecnologia de informação.

- A introdução de elementos estranhos e incontroláveis, como o uso de mão-de-obra estrangeira barata e transacções de capitais, causaram danos no ecossistema económico de produção, trabalho e capital no industrializado mundo ocidental. Assim, o sistema começou a perder cada vez mais a sua energia interna e enfrenta a destruição certa.

-Outro elemento da revolução moderna assenta no estado dos países em desenvolvimento.

- A explosão populacional e a urbanização no mundo em desenvolvimento criaram uma reserva inesgotável de trabalho para o capitalismo moderno. Esta reserva de trabalho pretende ser um instrumento dócil para o capitalismo moderno, na sua batalha contra o trabalho organizado nos países industrializados.

- O processo de modernização nas sociedades do mundo em desenvolvimento chegou a um nível em que essas sociedades são capazes de adoptar modos industriais e capitalistas de produção. Desta forma, o mundo em desenvolvimento é utilizado para servir como área de base na batalha incansável do capitalista moderno contra o trabalho organizado no Ocidente industrializado.

- Antes do avanço da tecnologia da informação o capitalista moderno não foi capaz de aproveitar os recursos dos países em vias de desenvolvimento para servi-lo na sua batalha contra o trabalho organizado nos países industrializados.

- O avanço da tecnologia da informação e da globalização significa um novo florescimento da escravidão nos países em vias de desenvolvimento.

- As grilhetas invisíveis do moderno capitalismo internacional são mais apertadas do que as da escravidão tradicional; este oferece às suas vítimas a falsa promessa dum amanhã melhor, por via da ilusão de que numa economia de mercado livre terão uma verdadeira liberdade de escolha.

- Para os países em desenvolvimento, o mercado livre significa a servidão dos seus povos. Devemo-nos questionar: como cortar as correntes invisíveis da escravatura global dos tempos modernos, uma existência que ninguém está disposto a admitir?

- À medida que as condições básicas de vida nos países em desenvolvimento vão sendo destruídas, os pobres, as massas desesperadas estão a emigrar para o Ocidente. Isso facilita o *dumping*[1] do custo do trabalho. Assim, uma nova forma de escravidão, finalmente, surge nos países desenvolvidos.

- A disseminação desse novo tipo de escravidão para os países industrializados e a oferta cada vez maior de trabalho não-qualificado são as principais armas do capitalista moderno na sua batalha contra a classe trabalhadora. No entanto, as camadas superiores da classe trabalhadora qualificada e, especialmente, a classe média vão aprovar esta extorsão contanto que eles próprios estejam a salvo dos seus efeitos.

- Na competição entre trabalho, produção e capital, o destino da classe trabalhadora nos países industrializados é o de regredir ao padrão de vida dos escravos de fábrica no Terceiro Mundo, a fim de manter a sua competitividade relativa. Caso contrário, perderão os seus empregos e transformar-se-ão num atrasado sub-proletariado.

- Num sistema aberto as diferenças sociais são niveladas. Numa economia global aberta o padrão de vida da classe trabalhadora nos países industrializados aproximar-se-á cada vez mais da dos países em desenvolvimento.

- Com o desenvolvimento da tecnologia da informação, trabalhos cada vez mais exigentes podem ser gradualmente automatizados ou transferidos para países com mão-de-obra barata. Isto acabará por ameaçar a posição da classe média. Do ponto de vista da revolução este será um factor crucial.

---

[1] NdT: Na linguagem do Comércio Internacional Dumping significa o processo de diminuição elevada do preço de produtos ou serviços destinados à exportação, quando o objectivo da empresa é eliminar a concorrência e aumentar as quotas de mercado.

- A equação do capitalismo internacional moderno é esta: quando a produção aumenta e o número de postos de trabalho diminui, os lucros crescem. Quando os lucros crescem e os impostos pagos ao Estado diminuem, o valor das acções sobem.

- Com os valores das acções a subir a quantidade crescente de dinheiro imaginário no mundo afasta da realidade o capitalista internacional moderno.

- A fim de manter a paz social, os Estados-nação tentam manter o nível de vida das massas empobrecidas recorrendo a programas de segurança social. Enquanto isso, o capitalista internacional moderno pode, em paz e tranquilidade, arruinar o tecido social dos países onde opera.

- O aumento do valor das acções, o aumento da quantidade de dinheiro imaginário e os programas estatais de Segurança Social garantem um atraso, uma margem de tempo. Dentro desta margem o capitalista internacional moderno pode operar ao máximo - até que o seu mundo entra em colapso.

- O círculo vicioso de empobrecimento começa quando a mobilidade social para a classe média e para a classe operária superior chega ao fim. O final deste movimento ascendente de pessoas de uma classe social para outra, necessário para a existência do sistema liberal-capitalista, significa que a elite vai encerrar as suas fileiras.

- O encerramento de fileiras da elite irá iniciar o processo de concentração de capital. Com o início deste processo, o período dinâmico do capitalismo chegou ao fim e as condições objectivas para a revolução vão amadurecer.

- Como a produção e o capital continuam a mover-se incontrolavelmente em todo o mundo, os Estados-nação apenas serão capazes de financiar o seu crescente défice aumentando os impostos sobre a forma mais lenta de capital, nomeadamente o trabalho.

- Depois da produção e do capital terem escapado o Estado só pode tributar os indefesos.

- Com o avanço da tecnologia da informação e da globalização a carga tributária nacional tende cada vez mais a cair sobre os trabalhadores comuns.

- Com o avanço da tecnologia da informação e da globalização, uma consequência da tributação apertada sobre os trabalhadores é que o trabalho torna-se não-lucrativo. Esta é a principal causa para o desemprego em massa no mundo ocidental.

- Com o avanço da tecnologia da informação e da globalização, a actividade económica está a ser capitalizada, mecanizada e concentrada. Aquilo de que estamos a falar é basicamente o fim do trabalho, embora na realidade o trabalho se tenha tornado simplesmente inútil por causa das necessidades do capital especulativo.

- Quanto mais tributado é o trabalho, menos rentável se torna. Quanto menos rentável se torna o trabalho mais rapidamente avança a capitalização, mecanização e concentração da economia.

- A capitalização, mecanização e concentração da economia são a principal causa do desemprego crescente. A fim de sustentar o crescente número de pobres urbanos, o Estado tem de tributar aqueles que ainda têm um emprego, transformando, consequentemente, cada vez menos rentável o trabalho destes.

- Com o avanço da tecnologia da informação e da globalização, os impostos sobre a produção e o capital conhecerão o seu fim. Isso satisfaz perfeitamente o capitalista Internacional moderno, que agora será capaz de obter simplesmente lucro e deixar os outros pagar a conta.

- Com o avanço da tecnologia da informação e da globalização a posição económica da classe trabalhadora vai-se deteriorar, pois, em nome da competitividade internacional, terá constantemente que ceder.

- Com o avanço da tecnologia da informação e da globalização o desmantelamento do Estado irá privar a classe trabalhadora da tradicional rede de segurança social fornecida pela sociedade.

- Com o avanço da tecnologia da informação e da globalização os Estados-nação do Ocidente industrializado serão forçados a pagar mais e mais, a fim de subornar o moderno capitalista Internacional a investir na produção dentro das suas fronteiras.

- Os enfraquecidos Estados industrializados do Ocidente são cada vez mais forçados a subornar o capitalista Internacional moderno, a fim de garantir o emprego dos seus trabalhadores. Isto é pago pelos trabalhadores e contribuintes que vêem as condições de trabalho degradarem-se, a Segurança Social a enfraquecer, assim como um aumento global de impostos sobre o trabalho.

- Com o avanço da tecnologia da informação e da globalização a posição daqueles que só podem oferecer o seu trabalho tornar-se-á mais débil, mas aqueles que possuem capital ou os meios de produção tornar-se-ão mais ricos do que alguma vez foram. Eventualmente, isso vai estilhaçar a sociedade.

- A tecnologia da informação emprega um pequeno número de indivíduos que tendem a ser porta-vozes da globalização – os seus valores dominam a sociedade.

- A tecnologia da informação é a corda com que o capitalista se irá enforcar.

- A tecnologia da informação fortalece duma forma sem precedentes as tendências auto-destrutivas do capitalismo.

- A tecnologia da informação é a base para uma economia de histeria e para a bolha dos mercados de acções globais.

- A ilusão de se ficar rico, criada pela tecnologia de informação, acentua a natureza concreta da moderna revolução socialista.

- A tecnologia da informação é o tesouro mais valioso do moderno capitalista Internacional. É a infalível cornucópia de promessas vazias. Quando o capitalista Internacional moderno perceber finalmente que tudo foi apenas uma ilusão, o seu mundo irá desmoronar-se.

- A única forma real de capital é o trabalho. É por isso que a queda do valor do capital imaginário representa o prelúdio da revolução moderna e constitui a sua condição necessária.

- Na revolução moderna as massas trabalhadoras vão tomar o poder porque elas controlam a única forma real de capital.

- Uma revolução no nosso tempo conduzirá ao nascimento de uma nova classe dominante, como sempre tende a acontecer. Esta classe será aquela que irá controlar o capital na forma de produção e na qual a nova sociedade baseará a sua existência doravante. Com a revolução socialista moderna a classe trabalhadora assumirá o papel de principal força na sociedade.

IX

Áreas base e Revolução

- A revolução numa sociedade moderna baseia-se na criação de uma contra-sociedade nas áreas base que estão sob controlo do Partido.

- A criação de uma área base é um ensaio antes de assumir toda a sociedade.

- O Partido não deve ser um tiro ao acaso no escuro, mas parte integrante da vida cotidiana das pessoas comuns.

- Para sobreviver, o Partido precisa de pessoas e de terra. É por isso que a estratégia do Partido para a expansão deve ser baseada em assumir completamente - física e mentalmente - áreas que serão cuidadosamente selecionados de modo prévio.

- As áreas base do Partido podem ser parte da vida diária das pessoas. Criar uma área base é um acto de desafio para com o sistema liberal-capitalista. É um desafio que o sistema não pode enfrentar sem se alienar da população.

- As áreas base serão ilhas dentro do decadente sistema liberal-capitalista. É nas áreas base que o Partido vai aprender as funções administrativas.

- A criação de áreas base é possível porque o sistema liberal-capitalista virou as costas às pessoas comuns e às suas necessidades. Para o sistema liberal-capitalista as pessoas servem apenas para produzirem e consumirem.

- A vitória vai pertencer a um partido que mostre genuína preocupação para com as pessoas e as suas necessidades.

- A criação de áreas base é necessária porque a deterioração do sistema liberal-capitalista criará um vácuo que será aproveitado pelo crime organizado.

- Triunfaremos sobre o crime organizado, porque servimos o povo.

- Na primeira fase da revolução lutaremos nas áreas marginalizadas pelo sistema liberal-capitalista: vamos garantir a nossa posição na periferia da sociedade.

- As áreas base vão sobreviver porque o sistema liberal-capitalista está em processo de auto-destruição. Nós vamos crescer mais fortes nos bastidores deste sistema em ruínas.

- A criação de uma área base será iniciada através da organização de um núcleo local do Partido, o qual declarará os seus objectivos e métodos na área.

- As actividades militares do Partido terão por base inicial os clubes desportivos. Por razões históricas e tendo em conta as características do instrumento de jogo, os quadros devem criar equipas de basebol.

- Nas mãos do Partido o basebol será transformado num instrumento de libertação nacional.

- A primeira tarefa que a organização local do Partido terá na área base é o restabelecimento da paz e da ordem com medidas perfeitamente cruéis.

- Após as necessidades do povo ao nível da segurança terem sido atendidas, a organização local do Partido deve prestar atenção às necessidades materiais das pessoas.

- A tarefa fundamental para o Partido na área base é a criação de uma Frente de Trabalho Voluntário. O nosso lema será: cada quadro é um trabalhador, cada trabalhador é um quadro.

- O segredo para a sobrevivência da área base está no trabalho incansável e inabalável exercido pelos quadros para com as pessoas dessa área base.

- Nós vamos conquistar os corações e mentes do povo trabalhando para eles.

- A Frente de Trabalho Voluntário será uma organização que mobilizará as habilidades e a sabedoria dos seus membros na ajuda à comunidade local de forma sistemática e eficaz.

- A Frente de Trabalho Voluntário será a arma do Partido na luta contra os problemas sociais na área base. Os quadros da Frente de Trabalho Voluntário têm o dever de recolher informações sobre as pessoas que precisem de ajuda e reportá-lo à sede local do Partido.

- Não se deve pensar que travar uma guerra revolucionária é mais importante que o trabalho diário. Os quadros devem entender que é pelo nosso direito ao trabalho que travamos uma guerra revolucionária.

- Quando a área base e a organização do partido tenham sido asseguradas, os quadros devem levar em consideração a fundação de um banco sem fins lucrativos para a distribuição de dinheiro sem juros, a fim de revitalizar a economia local.

- A adopção de dinheiro livre de juros vai ser uma manobra ousada do Partido frente ao sistema financeiro internacional.

- O dinheiro sem juros é um desafio aberto ao capitalismo liberal e para todas as doutrinas predominantes do sistema económico moderno.

- O dinheiro sem juros será a queda do falso deus do capitalismo.

- O Partido deve ter soluções concretas para os problemas e necessidades diárias das pessoas. Se falharmos localmente, não seremos capazes de dirigir o Estado em caso algum.

- É verdade que aqueles que possuem capital também possuem o poder político, porém, o capital verdadeiro não consiste em notas de bancos, ouro ou acções, mas na capacidade e vontade de milhões de pessoas para trabalhar e ajudar os outros. Quando o Partido tiver este capital em sua posse, vai dominar o mundo.

- O Partido comanda corações vibrantes, braços fortes e mentes brilhantes. O capital do Partido consiste nas pessoas, razão pela qual o Partido triunfará.

X

Estado-Sociedade-Partido

- Haverá uma elite numa sociedade socialista? A verdade é que todo o poder político e económico cria elites.

- Quando reflectimos sobre se haverá uma elite numa sociedade socialista, devemos questionar-nos se a revolução e a destruição do sistema capitalista exigem uma tal concentração de poder político, ideológico e militar, que, como resultado, conduzirá a uma nova e forte elite.

- Devemos fazer duas revoluções: primeiro derrubar o capitalismo e esmagar os seus remanescentes através de uma ditadura do proletariado nacional. Após isso, devemos delegar novamente o poder às comunidades locais, cooperativas, sindicatos, etc. Esta segunda revolução será muito mais difícil do que a primeira.

- Não podemos deixar que a revolução transforme o Partido na sua própria imagem.

- A ditadura do proletariado nacional é um primeiro passo indispensável no nosso caminho para uma democracia orgânica.

- Uma vez restituído o poder às comunidades locais, cooperativas, sindicatos, etc., o povo tornar-se-á a elite.

- A História consiste na luta entre as massas e a elite e entre facções diferentes dentro da elite. À medida que o povo se torna a nova elite, uma elite que governará através da democracia orgânica, essa luta vai conhecendo o seu fim. Este será o prelúdio para a História da humanidade.

- A fim de sobreviver, a democracia orgânica vai precisar de um Estado para a proteger.

- As maiores ameaças à democracia orgânica são as forças económicas que exploram os recursos das comunidades locais, assim como um inato divisionismo que causa a anarquia local. A resposta para ambos os problemas é a existência de um Estado.

- O Estado vai ajudar as democracias incipientes a superar os problemas económicos e a reprimir a anarquia local.

- O Estado irá garantir uma eficaz proteção com base na lei dos direitos dos indivíduos face à anarquia local.

- O Partido conduzirá o Estado sem ser o Estado.

- Para proteger o Partido da corrupção, a sua autoridade deve ser acima de tudo moral, não jurídica.

- Para que o Partido conduza de forma eficaz a sua autoridade moral, deve ser centralizado.

- A autoridade do Estado é baseada na lei e descentralizada. A autoridade do Partido é moral e centralizada.

XI

Reflexões sobre a Revolução

- Devido à natureza dialéctica da revolução, o melhor aliado do movimento revolucionário é a classe dominante.

- O fim do sistema liberal-capitalista moderno, pós-industrial, não será baseado tanto na sabedoria do Partido e na sua capacidade de tomar decisões correctas, mas na tendência crescente do sistema para provocar a sua própria destruição.

- Quando o sistema é forte, permanecemos estacionários. Quando o sistema é débil, nós avançamos. O sucesso do Partido num dado momento é um bom indicador do estado actual do sistema.

- Quando avaliamos o estado do sistema capitalista liberal, não devemos confundir a sua força aparente com a sua verdadeira força.

- A fim de compreender a verdadeira natureza do processo revolucionário, é preciso obter uma imagem clara dos factores que estão por detrás da tendência do sistema para a auto-destruição.

- O Estado é sempre um instrumento nas mãos da classe dominante. Tal como um estado socialista deve obedecer à vontade da classe trabalhadora, o Estado liberal-capitalista é governado na prática pelos interesses da classe capitalista.

- A destruição do Estado liberal-capitalista baseia-se no facto deste ter sido colocado ao serviço de uma pequena elite egoísta. A sua cobiça implacável está em conflito directo com as necessidades da classe trabalhadora.

—————————————

- À medida que a classe capitalista se esforça por satisfazer as suas necessidades, tende igualmente e de forma gradual a destruir a base da sua própria existência.

- A elite capitalista pode ser comparada a um cancro. Alimenta-se da força vital do seu hospedeiro. O cancro apresenta-se na sua maior força no momento em que sugou o seu hospedeiro até à exaustão, mas ao mesmo tempo terá destruído a razão de ser da sua própria existência.

- É imediatamente antes da sua destruição que o capitalismo parece estar mais forte.

- Pouco antes da sua destruição, o poder da classe capitalista e dos seus valores atingirá o seu clímax na sociedade.

- A História é um processo dialéctico que avança através de revoluções violentas. Cada sistema social desenvolve-se de acordo com as suas próprias leis internas, percorre o seu percurso até ao fim e desaparece.

- A elite é sempre cega. É típico das elites estarem abertas apenas para os oportunistas sem coluna vertebral, cegos, aqueles que engolem por completo as verdades oficiais expelidas pelo sistema.

- A posição dominante da elite impede-a de ver a verdadeira natureza dos problemas. O domínio da elite impede-a também de iniciar reformas, dado que estas podem prejudicar o seu domínio.

- O paradoxo do poder: com medo de perder o poder apega-se a ele. No final esta é causa primordial pela qual o poder está eventualmente perdido.

- Um sistema que se desenvolve de acordo com as suas próprias leis internas é incapaz de se reparar. Assim, é sempre o destino de cada elite preparar o caminho para o seu próprio término.

- As parteiras de um novo mundo, são sempre os seus adversários mais ferozes.

- Uma característica típica do sistema capitalista é que este volta-se contra si mesmo quando lhe é dada uma oportunidade.

- A destruição do sistema capitalista pós-industrial moderno terá por base a sua tendência para minimizar as suas despesas e maximizar os seus mercados por meio da globalização.

- O capitalismo moderno minimiza os seus custos de produção através da automatização, deslocando a produção para países com custos laborais mais baixos ou trazendo mão-de-obra barata em quantidades maciças para os países industrializados, a fim de esmagar o trabalho organizado e baixar os ordenados.

- O capitalismo moderno maximiza os mercados, maximizando a venda dos seus produtos no Ocidente industrializado com maior poder de compra. Para fazer isso, elimina todas as restrições sobre as importações de países com custos mais baratos de produção.

- A fraqueza nos cálculos do capitalismo moderno reside no facto do poder de compra das sociedades ocidentais estar baseado no seu elevado nível de industrialização. Esta é a base que o capitalismo moderno está progressivamente a destruir. Assim, podemos observar como a lógica do capitalismo moderno é auto-destrutiva na sua natureza.

- O Estado é o instrumento mais importante do capitalismo moderno.

- O Estado não só protege o capitalismo moderno e o seu dinheiro, como também cria o necessário enquadramento judicial e material para as actividades económicas deste.

- O Estado é o instrumento mais importante do capitalismo moderno, mas o capitalismo moderno também depende do estado.

- O Estado protege o capitalismo moderno não só dos inimigos externos, mas também do próprio capitalismo moderno.

- O Estado fornece os meios necessários para controlar as tendências autodestrutivas do capitalismo moderno.

- A sobrevivência do sistema capitalista pós-industrial moderno baseia-se na existência do Estado.

- Mediante os contínuos pedidos de dinheiro, o Estado é capaz de distribuir benefícios sociais que numa escala crescente constituem a maior parte do poder de compra da população. Este poder de compra é necessário para manter a demanda dos produtos que o capitalismo moderno quer vender a um mundo ocidental em rápida desindustrialização.

- O capitalismo moderno tudo quer possuir. Quer que o Estado mantenha o quadro judicial e material necessário para as suas actividades económicas, mas ao mesmo tempo não quer pagar os custos.

- O capitalismo moderno conduz o Estado para uma situação insuportável. A fim de manter a demanda pelos produtos do sistema capitalista, são necessárias duas coisas: o poder de compra da população deve ser mantido suficientemente alto, bem como a infra-estrutura essencial da sociedade moderna. Estas tarefas vão forçar o

Estado a pedir dinheiro emprestado numa escala cada vez maior dado o capitalismo moderno querer minimizar os seus custos, o que inclui os impostos. As elevadíssimas taxas de juro são a areia movediça em que o Estado se vai afundar quanto mais ele se esforce para se manter à tona.

- Quanto maior é o *downsize*[2] do capitalismo moderno, maiores são os seus lucros. Contudo, quanto maior é o *downsize* do capitalismo moderno, mais pesado será o encargo para o Estado, que terá de auxiliar os desempregados e ao mesmo tempo manter a sua capacidade de compra dos produtos vendidos pelo capitalismo moderno.

- Quanto mais destrutivos forem os actos do capitalismo moderno para com a sociedade, maior será o seu lucro - até que este destrua tudo.

- O aumento constante do défice do Estado tende a tornar o valor do dinheiro cada vez mais distante do real. O mercado de acções transformou-se numa gigantesca bolha que está destinada a explodir no momento em que a realidade a alcance.

- Iremos vivenciar a economia da histeria: o dinheiro imaginário alimenta a feira das ilusões. Os gananciosos escravos de Mamon vendem sonhos uns aos outros e desesperadamente tentam dar sentido a momentâneos sinais de irracionalidade e premonições.

- Na corrida entre a produção, capital e trabalho, é o destino inevitável da classe operária do Ocidente industrializado ser duramente derrotada e ser reduzida ao nível material do proletariado do Terceiro Mundo, com o qual terá de competir pelas sobras do banquete do capitalismo moderno.

---

[2] NDT: *Downsizing* é uma das técnicas da Administração contemporânea, tendo por objectivo a eliminação de postos de trabalho considerados desnecessários.

_____

- O capitalismo moderno estará sempre descontente com o Estado. O Estado é um actor demasiado lento no mercado internacional. O capitalismo moderno também desaprova os pedidos de empréstimos constantes por parte do Estado, sem perceber que ocorrem por sua plena responsabilidade.

- Por fim, o capitalismo moderno irá querer livrar-se do Estado. O Estado costumava ser o seu lacaio, agora encara-o como um fardo. O capitalismo moderno quer total liberdade para si mesmo.

- A revolução numa sociedade moderna, pós-industrial, terá por base o erro grosseiro da estratégia capitalista: [o capitalismo] irá destruir a base da sua própria existência ao destruir o Estado.

- O Estado não vai ser derrubado por massas de operários revolucionários, mas pelos próprios capitalistas, cegos como estão pela sua ganância.

- A revolução numa sociedade moderna, pós-industrial, terá lugar quando a contra-sociedade revolucionária das áreas base assumirem o vazio apátrida criado pelo frenesi auto-destrutivo do capitalismo.

- Depois dos capitalistas, cegos pela sua ganância, terem abolido o estado, a classe operária revolucionária vai fundá-lo novamente - mas desta feita será um Estado socialista, o qual servirá as necessidades e os interesses da classe trabalhadora.

XII

Instruções para os quadros do Partido

- Apresenta-te sempre com uma aparência cuidada e comporta-te condignamente – a tua primeira tarefa é ganhar a confiança do povo.

- Ajuda os idosos, os doentes e todos aqueles que necessitarem do teu apoio. Ajuda-os sem que eles te peçam. Todo o soldado do Partido deve encarnar o Partido e o seu esforço de propaganda.

- Serve o povo! Aquele que serve o povo vencerá.

- Protege o povo! Aquele que protege o povo vencerá.

- O objectivo principal que um quadro do Partido tem é o de conquistar os corações e as mentes do povo.

- Sê honesto, trabalhador e justo: a mudança começa em ti.

- Sê forte, mas igualmente compreensivo para com aqueles que são fracos. Carrega também os seus fardos.

- Manter a moral frente aos problemas da vida diária é o maior heroísmo. Cada novo dia traz uma nova batalha com ele e nem todas as batalhas terminam em vitória.

- Percepciona o processo revolucionário no seu todo e qual o teu papel no mesmo. Dessa maneira encontrarás a força necessária para os momentos difíceis e paciência quando nada parece acontecer.

- Não alcançaremos a vitória final por via de grandes batalhas, mas através do trabalho duro que realizamos entre as batalhas.

Venceremos pela persistência, pela paciência e pela diligência.

- Familiariza-te a fundo com a literatura ideológica a fim de saberes quem realmente és.

- Familiariza-te completamente com a literatura ideológica a fim de saberes realmente porque és.

- Mantém-te em forma. Uma alma ideologicamente ciente no corpo de um guerreiro deve ser o teu ideal.

- Mantém-te acima do vulgar, do desprezível e do vil. Tu és uma alma revolucionária, uma chama na escuridão.

- Sê humilde. É da humildade que brota o verdadeiro orgulho.

- Blinda-te contra o ridículo, porque eles não sabem o que fazem.

- Um trabalho bem feito é uma questão de honra. O que quer que faças, fá-lo com grande cuidado e amor. Sê um exemplo para os outros.

- Escuta o povo a fim de compreendê-lo, porque aquele que compreender o povo triunfará.

- Escuta o povo e aprende com ele, para que, a seu turno, ele aprenda contigo quando chegar a hora.

- A revolução é um processo dialéctico em que o Partido aprende com as massas e as massas com o Partido. A nossa vitória será baseada nesta relação dialéctica.

- Descobre e expõe os crimes cometidos pelo sistema. Lembra-te: quando falas, o Partido fala.

- É através de ti que a consciência revolucionária do povo irá crescer. Cada palavra tua deverá ser como uma bala.

- Informa-te e expõe os inimigos do povo e informa o Partido acerca deles. Lembra-te: és os olhos e ouvidos do Partido.

- Tu és o Partido, onde quer que vás, o Partido vai. Actua em conformidade.

- Cada quadro é o começo de um novo núcleo do Partido. Deves estender a organização do Partido onde não exista ainda e fortalecê-lo onde ele já existe.

- Quadro: cria novos núcleos do Partido! As massas politicamente inconscientes ainda são o campo de batalha em que o Partido deve constantemente avançar.

- O objectivo de cada núcleo do Partido é assumir a liderança efectiva na comunidade local onde esteja activo.

XIII

Como ser radical sem ser demasiado radical?

- É fácil ser radical - todos são capazes disso - mas é difícil ser radical, sem ser demasiado radical. São poucas as pessoas capazes de tal.

- A experiência mostra que o Partido, a fim de sobreviver, tem que ser parte integrante da vida quotidiana das pessoas.

- Para fazer parte da vida quotidiana das pessoas o Partido deve respeitar as pessoas.

- A diferença entre o Partido e as várias facções extremistas reside no facto do Partido respeitar o povo e os extremistas desprezarem-no.

- Os extremistas tentam apoderar-se da vida diária das pessoas, mas ao mesmo tempo, não têm nenhum respeito pela visão do mundo convencional e necessidades das pessoas comuns.

- Os extremistas não ouvem as pessoas comuns e colocam a teoria antes da prática e da experiência.

- A força do Partido reside na sua relação dialéctica com as massas. A linha do Partido é esta: nenhuma teoria sem prática, nenhuma prática sem teoria.

- Temos de ser capazes de ver o que pode ser mudado na vida quotidiana das pessoas e na sua cosmovisão convencional e o que não pode ser alterado. Uma vez isto tornado claro para nós, as vidas das pessoas podem melhorar.

- O erro das facções extremistas reside no seu desejo de alterar radicalmente o mais sagrado de tudo: o quotidiano das pessoas comuns.

- Aquele que entender e respeitar as necessidades do povo e a sua vida no dia-a-dia vencerá.

- Poderíamos mesmo dizer que o Partido luta para que no final nada mude. Por outras palavras, o Partido esforça-se para proteger as vidas quotidianas das pessoas comuns.

- Posto isto, o Partido é radical sem ser demasiado radical.

XIV

Da Violência

- A primeira razão para usar a força será muito concreta. Os inimigos do Partido e do povo têm ser esmagados.

- A segunda razão para usar a força reside na propaganda. Devemos difundir o medo entre os nossos inimigos e aumentar a nossa base de apoio, recuperando as ruas ao crime organizado e dos restantes inimigos do cidadão comum.

- A terceira razão para usar a força é a provocação: devemos provocar o inimigo para que este cometa erros e se afaste ainda mais do povo, criando assim um vazio que o Partido irá explorar para fortalecer a sua base junto das massas.

- Uma revolução será sempre, por necessidade, um processo violento. É por isso que se torna imperioso desde o início habituar-nos à ideia do emprego de todos os meios necessários para esmagar os nossos inimigos.

- Por razões de propaganda, o Partido deve usar a força com especial cautela nos estágios adiantados do processo revolucionário.

- O Partido tem de conquistar a confiança das massas que anseiam por segurança em tempos incertos. Não pode dar-se ao luxo de ser denunciado como um monstro pelos seus inimigos.

- O Partido tem de se certificar que as suas acções são aceitáveis para as pessoas comuns, pelo menos a um nível emocional ou subconsciente. É vital que as pessoas realmente entendam que os quadros do Partido estão a lutar por elas.

- Um caso especial será a punição dos criminosos que o sistema judicial, mais ou menos corrupto, dos nossos dias deixou impunes.

- Quando se punir criminosos deve-se considerar o aspecto pedagógico do uso da força. A punição deve ser severa o suficiente para expressar a justificada cólera das pessoas comuns, bem como para paralisar o crime organizado pelo medo.

- O Partido irá actuar como a encarnação violenta do senso de justiça do povo.

- A punição não deve consistir em actos de violência espontânea e arbitrária. A justiça será alcançada somente após uma avaliação cuidadosa por parte dos órgãos locais do poder popular.

- Se necessário, os núcleos locais agirão como tribunais populares provisórios.

- O estabelecimento dos tribunais populares constituirá um acto deliberado de desafio para com o decadente sistema liberal-capitalista. Isto irá afigurar-se como um sintoma da perda de credibilidade do sistema, quando confrontado com uma forte contra-sociedade.

- Para manter a sua credibilidade o sistema terá necessariamente de usar a força contra os conselhos populares. Desta forma o sistema entrará em conflito aberto com o sentido de justiça do povo, encarnado nesses conselhos populares.

- A luta do sistema contra os conselhos populares afastará o povo do sistema. No final o estado será reduzido a uma concha vazia.

KAI MURROS

XV

Três formas de violência política

- Durante o período de luta, antes da revolução triunfar, a forma mais comum e inútil de violência política consiste na "acção directa".

- A "acção directa" é típica de facções elitistas que se alienaram das pessoas comuns.

- As facções que se dedicam à "acção directa" não entendem as necessidades das pessoas comuns, desprezando o povo e atacando a visão de mundo convencional da maioria das pessoas, afastando-se, desse modo, daqueles que deveriam procurar aproximar-se.

- As facções que se envolvem na "acção directa" não entendem a dinâmica da revolução. Elas não obtêm o apoio do povo, razão pela qual tendem a tornar-se isoladas e amarguradas, transformando-se em extremistas irracionais.

- A filosofia da "acção directa" nasce do facto das facções subconscientemente saberem que irão falhar. É por isso que tendem a procurar compensação nas românticas e inúteis picadas de agulha contra o que eles julgam ser o sistema.

- A "acção directa" é o caminho da derrota.

- O caminho do Partido é o caminho da violência revolucionária.

- A violência revolucionária será uma parte orgânica do trabalho do Partido com o objectivo de servir e proteger as pessoas nas áreas base.

- A diferença entre "acção directa" e violência revolucionária encontra-se no elemento de propaganda inerente à violência revolucionária.

- A violência revolucionária significa que quadros do Partido exercem o trabalho de propaganda progressivamente, criando um exército popular, com um amplo apoio no seio do povo.

- A violência revolucionária resulta do facto das pessoas quererem proteger a sociedade alternativa criada nas áreas base contra os ataques do crime organizado, das pequenas facções extremistas e do sistema liberal-capitalista.

- Para sobreviver, o Partido deve ser efectivamente o Partido das massas. Para vencer, o Partido deve travar uma guerra de massas. Os sucessos do Partido dependem da sua capacidade para mobilizar as pessoas em grande escala.

- A terceira forma de violência política consiste na violência Estatal, somente a classe dominante pode empregá-la.

- Antes de assumir o Estado, o Partido vai travar uma guerra em duas frentes. Usando a estratégia da violência revolucionária o Partido vai lutar contra a violência estatal exercida pela classe dominante e pela "acção directa" das facções extremistas.

- Após o triunfo da revolução, o Partido terá os instrumentos de violência estatal sob o seu próprio controlo.

- Durante a fase da ditadura revolucionária o Partido deve esmagar todos os seus inimigos, utilizando quaisquer meios necessários.

- O carácter totalitário da violência estatal exercida pelo Partido será justificado pelo facto de que este age com o consentimento e apoio da grande maioria do povo e de toda a classe trabalhadora, defendendo o seu direito a um futuro.

- É o direito moral e obrigação dos órgãos do poder popular destruir todos os seus inimigos durante a fase da ditadura revolucionária. O triunfo da revolução exige a aniquilação daqueles que privam o povo da sua vitória.

- A violência estatal, exercida pelos órgãos de poder do povo contra os inimigos do povo, não terá restrições em absoluto.

- A estratégia do partido na sua luta revolucionária consistirá na transformação do nível da violência revolucionária para o nível de violência do Estado, exercida em forma de ditadura revolucionária.

- A fim de preparar-se progressivamente para o papel de vanguarda revolucionária que terá de desempenhar durante a fase em que o estado anterior já se tiver desintegrado e o novo Estado revolucionário for adquirindo forma, o Partido deve, na prática, tornar-se um Estado "dentro do Estado" antes do colapso do sistema liberal-capitalista. Nas áreas de base libertadas os quadros do Partido vão aprender funções administrativas.